a vida não é um limão, a vida é uma limonada

a vida não é um limão, a vida é uma limonada

Joice Malavolta
Zezé Brandão

Prefácio de Roberto Shinyashiki

Editora Gente

Sumário

Prefácio

Eu adoro pessoas que conseguem fazer do limão uma limonada!

Pessoas como a Jô Clemente, que, por causa das necessidades de seu filho excepcional, criou a excepcional Apae.

Pessoas como o Stephen Hawkins, que fez da luta para sobreviver a uma doença congênita um alento para ser o físico mais importante da atualidade.

Pessoas como o publicitário José Luiz Tejon, que, para sobreviver a uma queimadura gravíssima na primeira infância, desenvolveu uma capacidade de superação indestrutível.

Eu admiro as pessoas que, ao enfrentar os problemas da sua vida, conseguem transformá-los em oportunidades de crescimento.

Talvez neste momento você esteja passando por uma grande dificuldade. Pode estar vivendo problemas familiares, conflitos com os filhos ou desentendimentos com seu companheiro. Quem sabe não tenha conseguido entrar na faculdade que desejava e esteja se sentindo o último dos seres humanos. Pode ser que o seu problema seja deixar o seu filho pequeno na porta da casa de sua ex-esposa depois de uma separação dolorosa... Enfrentar uma demissão e a perspectiva de procurar um novo emprego, fechar sua empresa ou, ainda pior, ter acabado de receber do médico a notícia de que está doente e terá de fazer um tratamento longo e complicado.

Seja qual for o seu problema, por mais difícil que pareça, ele pode ser o início de uma nova fase da sua vida. Aquela separação dolorosa com uma pitada de bom humor pode se transformar no começo de um novo casamento com muito mais cumplicidade. A dor de educar seu filho sem um companheiro pode ser a oportunidade para vocês serem mais amigos. A demissão pode ser o começo de um novo negócio cheio de alegria e sem aquele chefe chato que você aturava no emprego anterior. A criatividade e a coragem para enfrentar esse problema podem deixá-lo uma pessoa muito mais sábia.

Lembre-se: problemas não foram feitos para ser alimentados como bichinhos de estimação! Problemas devem ser resolvidos e utilizados como combustível para o nosso crescimento interior.

As pessoas pobres de espírito se atolam nos problemas porque não são criativas o bastante para procurar uma outra forma de enfrentá-los.

Eu sei que estou de bem com a vida quando consigo transformar os limões em limonadas e sei ainda que sou um sábio quando consigo transformar os limões em caipirinha.

Zezé Brandão e Joice Malavolta são meus amigos. Isso quer dizer que eles já me ajudaram a fazer dos meus limões algumas saborosas limonadas. Eles são exatamente como o livro deles: alto astral e muito criativos. Diferentemente de alguns publicitários que fazem os seus clientes se desesperarem aumentando o tamanho de seus problemas, eles fazem as maiores encrencas se transformarem em grandes oportunidades de negócios.

Este livro vai ajudá-lo a dar algumas boas risadas. No futuro, você vai rir desse problema ao pensar no quanto se preocupou desnecessariamente. Então, por que não aproveitar e rir agora mesmo? Relaxar deixa a nossa mente aberta para a criatividade, e esse é o primeiro passo para dar a volta por cima.

Zezé e Joice vão ajudá-lo a ser mais criativo com os seus problemas, e essa atitude pode fazer toda a diferença na hora de enfrentar as dificuldades.

Espero que você aproveite bem os limões da sua vida.

Com o carinho de sempre,

Roberto Shinyashiki

Psiquiatra, escritor e palestrante

Introdução

Tem gente que sabe viver. Para essas pessoas, os limões são sempre o começo de uma deliciosa limonada.

Pode ser apenas mais uma lenda. Mas, sabe-se, quando a lenda é mais interessante que a realidade, imprima-se a lenda.

Conta-se que Coco Chanel — ela mesma, a inventora da mulher moderna e o maior ícone da moda —, em plena Primeira Guerra Mundial, descolou com uma "bicona" um convite para uma festa chiquérrima. Mesmo com o mundo em pleno caos, imagine como deveria ser chique uma festa em Paris às vésperas dos anos 1920. Ocorre que Chanel era apenas uma costureirinha muito pobre e, diante do convite, ainda que descolado, ficou desesperada. "Com que roupa eu vou?", pensou. Pensou e partiu para a ação. Pegou no guarda-roupa seu melhor vestido que, mesmo sendo o melhor, era surrado e fora de moda. Encurtou-o — algo impensável para a época — até acima dos tornozelos e costurou bolas de natal prateadas em toda a peça. Completou o look com um colar feito com bolas iguais às usadas no vestido, cortou, ela mesma, os cabelos bem curtos e — veja a coragem da mulher — "se mandou" para a festa.

Não se sentou nem por um só segundo. Primeiro, porque as bolas presas à roupa a impediam. Segundo, porque foi assediada por todos os homens interessantes da noite e com todos eles dançou.

Tornou-se instantaneamente famosa em toda a Paris como a garota excêntrica e moderna que lançara moda na noite anterior. Dali ao estrelato foi um pulo. O resto da história é conhecido pois, em seis décadas de brilho no mundo fashion, Chanel construiu um mito nunca igualado na alta-costura.

Veja que a vida deu para Coco Chanel um limão, e daqueles bem azedos. Ela soube transformá-lo numa deliciosa limonada.

A quantas festas, afinal, deixamos de ir porque não tínhamos roupa? E o quanto deixamos de nos divertir, de rir, de conhecer gente ou perdemos a oportunidade de estar no lugar certo, na hora certa e com as pessoas certas?

Se conselho fosse bom, não se dava, vendia-se. Mas transformar os limões da vida em refrescantes limonadas não é somente um conselho. É um estilo de vida. Nesses mais de vinte anos trabalhando como publicitários, temos observado que as pessoas sensacionais são aquelas que sabem transformar um grande problema em uma alavanca para o sucesso.

Este livro é nosso testemunho do que sabemos fazer melhor em nossas vidas: transformar encrencas em soluções. Esperamos que você também aproveite as encrencas da sua vida para realizar um sonho, descobrir uma luz no fim do túnel, inventar, enfim, uma nova maneira de ser mais feliz.

Boa viagem!

Pé na bunda

Um dos limões mais azedos que se pode experimentar é a perda do emprego...

Você acaba de ser demitido. De um lado, é como se a terra desaparecesse sob seus pés. Uma casa para sustentar, prestações, escola para pagar e todo um estilo de vida parece escoar pelo ralo da impotência.

Por outro lado, e é fundamental em qualquer circunstância olhar por todos os ângulos, você acaba de se livrar de um chefe odioso, do assédio moral e da campanha diária contra a sua auto-estima.

Acontece que os tempos estão muito, muito bicudos. Você é suficientemente maduro e vivido para saber que um novo emprego na sua idade — num mercado que cultua loucamente a juventude — não vai ser nada fácil. Pior, é mais provável que seja impossível. Em poucos meses, sua parca poupança terá virado pó, o sentimento de rejeição estará circulando em suas veias e a sensação de que nunca mais recolocará sua vida nos eixos vai ficar martelando em sua cabeça como um mantra, dia e noite.

Esquece aquela história de "Oh! céus. Oh! vida. Oh! azar". O passado passou e quem anda para trás é caranguejo. Você anda para a frente e, melhor, com suas próprias pernas, com suas próprias idéias, com seus próprios sonhos. Então, mãos à obra!

Abra um negócio. Qualquer negócio que valorize suas competências e que, enquanto você trabalhava oito horas por dia para enriquecer seu chefe, parecia apenas o delírio de um funcionário cansado.

Não espere o tempo passar porque, nesse caso, ele ajuda a amargura a se instalar sorrateiramente em sua vida. E a amargura é um sentimento paralisante, que impede qualquer visão de futuro e mata todas as esperanças.

Portanto, chore o que tiver de chorar e sofra o que tiver de sofrer, mas não perca muito tempo com isso. Comece logo seu próprio negócio.

Mergulhe de cabeça, sem nenhum medo de ser feliz.

Comece partindo de uma matemática simples, assim: você tem apenas 50% de chance de ficar pior do que estava. E maravilhosos 50% — otimismo e água benta nunca fizeram mal a ninguém — de ficar bem melhor que antes. Estatisticamente falando, é uma chance razoável, principalmente se levar em conta que antes você tinha 100% de chance de "não feder nem cheirar".

A estrela *hippie*

O meu aprendizado sobre limonadas começou com um episódio dramático para um adolescente interiorano que estava chegando à cidade grande...

Começo dos anos 1970. Como todos que queriam ficar "antenados" com a moda, não bastava me identificar com a ideologia hippie. Eu precisava parecer um *hippie*, vestir-me como um *hippie*.

Sem muita informação, achei que uma bata, que lembrasse aquelas indianas, feita de saco de farinha, daria um certo "look" parecido. Minha tia Lúcia fez a roupa para mim em Araraquara, e contribuiu com a idéia de um barbante amarrado no pescoço. Enviou a obra-prima para São Paulo pelo correio. Na minha opinião, ficou coisa de hippie profissional.

Estreei imediatamente. Mas, também imediatamente tornei-a imprestável: uma brasa de cigarro, bem na hora de sair, causou um rombo irreparável no lado esquerdo do peito.

Tinha vontade de bater a cabeça na parede. A vida se tornara impossível sem a bata. O suicídio não era uma solução porque, horror dos horrores, eu seria enterrado com uma roupa qualquer, nunca com a bata queimada de cigarro.

Sozinho em São Paulo, sem tia Lúcia e sem alternativas, descobri que o desejo é amigo da perfeição.

Logo pela manhã comprei uma linha roxa e, com uma agulha de costura, fui cobrindo o rombo com um ponto comprido que ia lá e voltava aqui (eu só conseguia ir lá e voltar aqui, ir lá e voltar aqui) e, de vez em quando, fazer uns desvios não intencionais.

O aleatório dos pontos foi dando forma a uma estrela e, ao final, eu tinha uma bata indiana de saco de farinha com uma enorme estrela roxa, meio mambembe mas filosoficamente *hippie*.

Fui intensamente elogiado à noite na Escola Superior de Propaganda e Marketing, com adjetivos que iam de lindo a "fine style". E olha que estudavam na minha classe a Bruna Lombardi, a Marilda Brandão, o Carlos Motta e até o Pérsio Arida.

Acho que foi naquela noite que comecei a entender que limonada nada mais era que uma meada de linha Âncora. Roxa.

Tudo na vida tem remédio. Partindo desse princípio, diante da adversidade, do acidente ou do leite derramado, a primeira atitude é respirar fundo e pensar: o mal está feito, como consertá-lo? Em vez de ficar chupando o limão, que tal procurar logo uma jarra, água, gelo e açúcar? Se não houver açúcar, nem adoçante, nem mel, água com limão é bem mais agradável que limão puro.

Simplicidade e imaginação: isso dá macarrão

Fim de balada (para os mais velhos, noitada). Na boca, aquele conhecido gosto de cabo de guarda-chuva e aquela fome insistente. Você não vê a hora de chegar em casa, embora ainda não saiba bem o que há para comer.

Tragédia: a geladeira está mais vazia que seu estômago.

A cena é clássica: a porta da geladeira aberta, você iluminado por aquela luz gelada, virando a cabeça de um lado para o outro, como se a força do pensamento fosse capaz de preencher as prateleiras vazias com fatias de presunto, lindos pães de centeio, iogurtes untuosos ou mesmo um belo pedaço de pizza do dia anterior.

Sair de novo, nem pensar. Imagine, sair a essa hora da madrugada rodando por aí atrás de um mísero sanduíche sabe-Deus-do-quê.

Então aqui vai uma receita que você não vai acreditar. Mais que um quebra-galho, é uma iguaria, simplérrima de fazer e "de matar" de boa. Com essa fome, amigo, fica muito, mas muito melhor.

Uma lata de sardinha com o óleo e tudo. Cebola crua em rodelas, um pouquinho de vinagre, uma regadinha de azeite, uma pitada de pimenta-do-reino. Cozinhe um macarrão qualquer ao ponto, escorra e misture nessa salada de sardinha e cebola. Se tiver salsinha, não hesite.

Não tem a sardinha? Só a cebola com vinagre e azeite, o sal e a pimenta, mais o macarrão, fica bárbaro.

Ah, não tem o macarrão? Faça a pobre salada acompanhar um ovo cozido.

Também não tem o ovo?

Como dizia a Duquesa de Windsor, dinheiro e magreza nunca são suficientes.

Dê-se por vencido mesmo pois não há alternativa: aproveite a pobreza da sua despensa e o vazio da sua geladeira e faça uma dietazinha rápida. Um ou outro quilinho a menos sempre cai bem, mesmo que seja assim, um pouquinho forçado.

Boa-noite.

No dia seguinte você vai agradecer a si mesmo por não ter se empanturrado antes de dormir.

Esperar ter à mão todos os dados que possam garantir o resultado da experiência é uma desculpa para não fazer a experiência. Por que esperar ter dois ou três limões para fazer uma jarra de limonada? Um copo não é suficiente?

A farofa marroquina

Muitos anos atrás, minha mulher e eu, na época muito jovens, morávamos em Paris e um pouco estudávamos, um pouco vivíamos de subempregos. Era a aventura com que sonháramos e era muito, muito bom.

Certa vez, ganhamos um livro de receitas da Helena Sangirardi, e com ele a gente se divertia fazendo comidas que testávamos com os amigos, companheiros de aventuras em Paris.

Morávamos num pequeno apartamento mobiliado, inclusive com todos os "trens" de cozinha, em pleno Boulevard Saint Germain. Só que no sexto andar e sem elevador.

Um dia, resolvemos preparar um jantar para recentes amigos franceses. E lá fomos nós para o livro da Sangirardi.

Uma torta de frango com uma massa tipo podre que parecia deliciosa foi o cardápio escolhido. Para acompanhar, arroz misturado com espinafre cozido.

Preparamos a massa da torta passo a passo, como ensinava o livro. Em seguida, o recheio, conforme a receita. Só faltava assar! Procuramos a assadeira e encontramos uma daquelas cujo aro se abre. Nunca tínhamos visto antes, pois no Brasil ainda não existia. Ficamos exultantes com a possibilidade de desenformar a torta sem riscos usando a assadeira "da hora". Quando a torta ficou pronta, douradinha e cheirosa, começamos a operação desenformar. Eu sugeria uma possibilidade, ela sugeria outra, até que decidimos que o melhor era um sustentar o fundo da forma sobre um pano de prato para suspendê-la no ar enquanto o outro abriria o aro e então a torta ficaria apenas sobre o fundo da assadeira e poderíamos colocá-la direto no prato de servir.

Dito e feito. Minha mulher segurou o fundo e eu abri o aro. Claro, dilatado e fervendo, foi direto para o braço dela, causando uma bela queimadura e a obrigando, pelo susto e pela dor, a jogar a torta longe.

O que seria nossa linda torta de frango à moda de Helena Sangirardi transformara-se em um monte de migalhas sobre o linóleo da cozinha.

Os convidados chegariam em, no máximo, quinze minutos. Trocamos olhares e, sem dizer uma palavra, recolhemos a torta despedaçada, pusemos numa travessa, esmigalhamos os pedaços que ainda estavam meio grandes, deixamos tudo uniforme e bem misturado, massa e recheio, e rebatizamos o prato com o nome de "Farofa Marroquina". Um tomate em forma de flor enfeitou a travessa que foi para a mesa.

Os quatro convidados (nenhum formava casal) pediram a receita. Nós prometemos, mas não cumprimos, escrevê-la e entregar-lhes num próximo encontro.

Com um pouco de criatividade, tudo se resolve na vida. E devo confessar: foi muito mais divertido transformar a torta em farofa e curtir o jantar do que desmarcar tudo e ficar lamentando o estrago. Não deixe que pequenos obstáculos tirem seu humor. Transforme os percalços em histórias divertidas!

Incomodada ficava a sua avó

Uma festinha inesperada, uns goles a mais de "goró", uns olhares trocados com aquele carinha engraçado, um cantinho na penumbra e voilá: um mês depois a menstruação não veio. O coração saindo pela boca e o resultado do exame: é gravidez.

O cara nem sonha em se comprometer com o filho e muito menos com você. Ele não quer filho e nem qualquer responsabilidade financeira.

E pela sua cabeça não passa, nem de longe, a idéia de um aborto.

Sim, querida, você está no mato sem cachorro. Mas, cá entre nós, não era você que desejava, furiosamente, a independência das mulheres? Não era você que fazia discursos inflamados contra as "Amélias" da vida? Às vezes é preciso cuidado com o que se deseja, pois os desejos, muitas vezes, realizam-se.

Aliás, por falar em desejo, nem ouse desejar amoras do campo às 4 horas da manhã porque não vai ter quem pegue o carro e revire a cidade em busca das malditas frutinhas.

Então, minha amiga, o negócio é enfrentar a barra, deixar a barriga crescer, passar por todos os perrengues de mãe solteira e deixar rolar.

Na euforia dos meses de gravidez você não se dá conta do que vem pela frente e vai levando. Do pai, nem notícia.

Nasce o bebê, aquela coisinha linda, você volta a trabalhar, e então a "ficha" começa, lentamente, a cair. Claro, filho é muito legal, mas duuuuuura...

Então você começa a pensar na sua vida e, de repente, surge a depressão, o medo e a preocupação com o futuro.

Poupe-se disso tudo. Não ter um marido incomodava sua avó. Você pode e deve tirar proveito da situação.

Não ter um marido vai torná-la senhora absoluta da educação da criança. Você não precisará pedir uma segunda opinião sobre o certo ou o errado; não vai ser desdita quando disser não; vai decidir sozinha se suspende o castigo.

E nunca vai passar por aquelas discussões sobre a criação dos filhos que costumam acabar com muitos casamentos.

Portanto, jamais vai perder a autoridade. E, principalmente, você é que vai ser a dona do controle remoto.

Você já parou para pensar na fonte de felicidade que é dominar, sozinha e para sempre, o controle remoto da televisão?

Tá, você pode pensar que não é tão fácil assim e, provavelmente, está nos mandando às favas neste exato momento. Mas pense bem. Temos de olhar o lado prático da situação, pois ela é irreversível. A máquina do tempo ainda não foi inventada e, enquanto isso, temos de assumir as conseqüências de forma leve e positiva. Já basta a rotina para nos dar a rasteira e limões sem faca. Faça um favor a você mesma: coloque um pouco de açúcar na limonada!

Meu reino por um dente

Um dia, uma grande amiga entrou numa espiral descendente. Sabe aquelas fases da vida em que as desgraças chegam uma em companhia da outra? E que a impressão que se tem é de que nos tornamos amaldiçoados?

Pois é. Tudo começou quando seu casamento, de vinte anos, tomou um embalo rápido para o brejo. Indo, indo até que acabou "fondo".

Recém-separada, cheia de dívidas e com a casa naquele estágio em que canos estouram, umidade invade paredes, raio queima o aparelho de DVD e cupim acaba com o forro.

Para completar, bateu o carro que —claro —, estava sem seguro. Aliás, a história da batida foi patética. Falava ao celular, deu seta para a esquerda, entrou à direita e pá! Na batida, não sabe como, quebrou o dente da frente, rente à raiz. Pensando bem, acho que foi o telefone que bateu no dente, pois ela não teve nenhum outro ferimento.

Enfim, o fato é que ela ficou desesperada, beirando a histeria. Não pelo acidente em si, mas pelo dente quebrado. Afinal, com a auto-estima lá embaixo, só lhe restava a beleza. E bonita ela é de verdade. Aos 40 e poucos anos, é aquele tipo de mulher que se diz "de fechar o comércio". Mas sem o dente da frente, ninguém merece!

Na confusão que se seguiu, ela gritava sem parar. Ninguém entendia se tentava pôr a culpa no outro motorista ou se urrava mesmo de dor.

Finalmente, uma senhora, que se meteu na muvuca, entendeu que o escândalo estava ligado à história do dente; mulheres são muito sensíveis aos assuntos de vaidade. Não só entendeu como deu a dica: ali, quase em frente, tinha um dentista, o Luiz Fernando, muito bom. "Fale com ele em meu nome", disse a boa samaritana.

Minha amiga nem pestanejou. Largou o carro no meio do tumulto, e lá se foi falar com o Luiz Fernando, sem pensar no cheque especial estourado e sem saber, ainda, que não podia contar com o seguro.

Quando vislumbrou o dentista na porta do consultório, quase enfartou. O Luiz Fernando "era o seu número": mais ou menos da mesma idade, uma voz que atingia em cheio o seu coração, corpo atlético e um sorriso de filme americano.

Queria morrer de vergonha por ter de abrir a boca, desdentada daquele jeito. Mas, fazer o quê?

Estão juntos há quatro anos e ela nunca foi tão feliz.

Às vezes, o destino se encarrega de fazer a limonada com os limões que plantamos — sim, porque, muitas vezes, somos nós mesmos que arranjamos as encrencas. O truque é sempre estar aberto às novas possibilidades e, como a minha amiga, encarar a situação e ter fé. Aliás, o limão era tão gordo que ela ainda tem limonada para mais umas três ou quatro vidas!

Mau humor chama chuva

Aquelas férias, por tantos anos adiadas, finalmente chegaram. Você passa semanas, meses, planejando. Compra as passagens com antecedência, chega ao aeroporto cinco horas antes do horário, passa a noite anterior em claro, de tanta excitação. Conta os minutos, depois os segundos que faltam para colocar os pés na areia, abrir o guarda-sol e ficar estendido feito um lagarto, sem pensar em nada e torcendo para que aquelas duas semanas nunca acabem. O vôo parece durar uma eternidade, de tanta vontade de chegar.

O avião pousa, e você, de tanta ansiedade, nem o espera parar e faz justamente aquilo que tanto reclama dos outros: levanta-se afoitamente e já vai tirando as bagagens de mão para, em seguida, correr até a saída antes de todo mundo.

A porta se abre e "Aleluia!", quer dizer, "Êpa, está chovendo, e muito".

Melhor assim, você comenta com a mulher, sem muita certeza do que está dizendo: é bom que chova logo no primeiro dia, porque depois é só aquele sol maravilhoso que os folhetos de turismo prometeram.

Passa a tarde meio entediado, janta acreditando que o dia seguinte será maravilhoso e dorme sonhando com aquelas praias deslumbrantes e aquele mar azul de doer os olhos.

De manhã, você levanta com um salto, abre as janelas e lá está, impávida, a chuva. Céu fechado, nuvens de chumbo e água torrencial.

Você vai fechar a cara, perder o apetite pelo divino café-da-manhã e envenenar seu fígado e o da sua mulher.

Recomece o dia. Abra as janelas, constate a chuva, respire fundo e imagine o que de pior poderia acontecer nessas férias. Por exemplo, chover as duas semanas inteiras, num fenômeno meteorológico muito conhecido como arrasa-turista.

Esqueça o mau humor. Mau humor atrai mais chuva que o El Niño.

Planeje suas próximas duas semanas imediatamente partindo da convicção de que vai chover o tempo todo e que não há nada, definitivamente nada, que você possa fazer contra isso.

Comece comprando livros. Muitos livros. Não era você que vivia reclamando da falta de tempo para ler o último Saramago, o tratado sobre a viuvez das formigas, o casamento entre os celtas e a vida de Santa Escolástica?

Pois leia. Leia tudo o que puder. Na volta das férias, você vai ter mais assunto do que se houvesse ficado deitado ao sol. E terá se prevenido de um eventual câncer de pele, porque nós conhecemos você: filtro solar nem pensar, não é?

Sempre encare o limão com otimismo, bom humor e confiança. Lembre-se: quem não tem cão, caça com gato. E você já reparou que o gato se vira sozinho muito melhor que o cão? Ignorar imprevistos é caminhar para a frustração. Ao contrário, encarar o imprevisto e imediatamente colocar o plano B em ação é meio caminho andado para uma boa limonada.

Um perderijo

Arrumar aquelas gavetas, há tempos esquecidas, nas quais se vai jogando tudo o que não tem um lugar certo nem na casa nem na vida da gente é um ato de coragem. Mais até: um ato de bravura, misturado com insensatez e desprendimento. Sim, porque a tarefa vai exigir, no mínimo, todo um fim de semana.

Estamos falando aqui daquelas gavetas que são casos para paleontólogos. Lá estão clipes, recibos, comprovantes eleitorais, moedas da Nicarágua, umas fotos 3x4 de doze anos atrás, restos de um brinco sem par, holerites do primeiro emprego, pilhas descarregadas, lembretes, canetas sem carga, celular quebrado e papéis. Montanhas de papéis. Da escritura da casa à última carta de mamãe. Do primeiro desenho do filho na pré-escola aos recibos de pagamento da empregada. Do IPTU de 1999 à receita das berinjelas da vovó, que, é claro, você nunca fez.

O problema, portanto, não se restringe a virar a gaveta em cima do lixo. É preciso olhar cada papelzinho, cada microparafuso solto, cada pedaço sabe-Deus-do-quê, cada documento, cada cartão, e saber o que fazer com tudo isso. É preciso pensar, ler, organizar, descobrir o que esses objetos inanimados querem dizer. E descobrir onde colocar, onde arquivar, onde enfiar para que não se percam outra vez na poeira do tempo.

Lilian, uma figura adorável com quem trabalhei anos atrás, resolveu, num daqueles dias em que nos "baixa a Amélia", dar conta de uma gaveta de cômoda de 1,5 metro de largura por 60 centímetros de profundidade e mais de 30 centímetros de altura.

O trabalho foi de tal envergadura que o sábado e o domingo não foram suficientes. Na segunda-feira ela não foi trabalhar. E na terça-feira, exultante, ela contou o resultado da aventura.

No fundo da gaveta, num envelope pardo colado com fita crepe, estavam, bem esparramadinhos, 6.500 dólares que ela e o marido, por medida de segurança, haviam guardado ali. E o tempo, e o lixo acumulado, acabaram por esconder e fazê-los esquecerem-se do dinheiro.

Quando meu filho era criança, parou diante de uma gaveta dessas e a denominou perderijo. E explicou: se no esconderijo a gente se esconde para ser encontrado, um lugar em que ninguém acha nada deve se chamar perderijo.

Então, quando, e se, você encarar a loucura de tentar arrumar um desses perderijos infernais, coloque um sorriso no rosto considerando a possibilidade de encontrar, se não 6.500 dólares, quem sabe um velho e sincero bilhete de alguém dizendo que o ama. Se você procurar bem, quem sabe não terá a felicidade de encontrar, mesmo sem querer, no meio da fruteira, um limão docinho para a sua limonada?!

Tudo muda na vida, inclusive o penteado

Thais, assim, com H, é uma daquelas mulheres certinhas e conservadoras, tanto que ela mesma se autodenomina "careta". Ou se autodenominava, sei lá.

Uns dois anos atrás, ela andava insatisfeita com a vida profissional, encontrava-se cada vez mais distante dos sonhos, passava por aquela fase morna do casamento e padecia no paraíso dos filhos adolescentes.

Enfim, vivia uma fase que não era ruim.

O preocupante é que não era boa.

Assim, de repente, numa manhã igual a todas as outras, ela encasquetou que não queria mais usar aqueles cabelos sem graça, nem longos nem curtos, de um castanho inexpressivo, que lhe davam a mesma cara de quando era noiva.

Decidida, entrou em ação. Olhou revistas, consultou o espelho e chegou ao cabeleireiro disposta a uma transformação radical. Não precisou pedir duas vezes. Tesouras e tinturas se puseram a trabalhar feito loucas, e, três horas depois, Thais era outra.

O problema é que, curtos demais, espetados demais, com pontas irregulares demais e vermelhos demais, seus cabelos pareciam não fazer mais parte do seu corpo nem do seu estilo, muito menos da sua vida. Só que não havia volta.

O mal estava feito e era irreparável. Teve a sensação de que enlouquecera. Entrou no táxi meio zonza.

É óbvio que, à noite, marido e filhos não conseguiram disfarçar uma certa ironia, embora tenham sido gentis na medida do possível.

Ela não dormiu. No dia seguinte, estava deprimida, introvertida, infeliz. Faltou ao trabalho. Olhava-se no espelho a cada cinco minutos e não se reconhecia. Teve dor de cabeça, náusea e uma vaga vontade de morrer.

Ficar trancada em casa três meses até recuperar os cabelos era inviável. A peruca, descartou pelo ridículo.

E agora?

Parou em frente ao armário, escolheu a roupa mais elegante e clássica possível, acrescentou brincos exuberantes, saltos bem altos, uma maquiagem discreta e foi dar uma volta no shopping.

Uma equipe de produtoras de uma revista de moda fazia uma matéria sobre o estilo das pessoas comuns. Perguntaram a Thais se ela topava posar para a foto e dar uma pequena entrevista, ali mesmo, no shopping.

Por que não?

A fotografia saiu em página inteira, colorida e cheia de charme.

Hoje ela é produtora de moda de uma rede de televisão, feliz da vida. O casamento deu uma esquentada e, no meio, tem a fama de viver inventando novos cortes, novos penteados e sempre um jeito diferente de surpreender as pessoas com seus cabelos louquérrimos.

Percebeu como podemos tirar proveito dos limões? Nada é por acaso, nada está perdido. Cansou de fazer a mesma limonada de sempre? Tente uma torta, um doce, uma bebida nova. Só não vale ficar parado, lamentando-se que os limões não são laranjas. Vá à luta!

Faça como Scarlet: pense nisso amanhã

Você deita morrendo de cansaço, o corpo pedindo uma noitada generosa de sono. Então, de repente, sente aquela espécie de cutucão: há algo que deveria ter feito e não fez: uma atitude, uma resolução, uma providência que você não tomou.

Pronto, olha o sono indo embora, batendo as asinhas e mandando beijinhos...

Aí começa aquele filme do qual você conhece bem o final: uma virada para a esquerda, uma virada para a direita, e essas duas viradas são só o começo de uma noite de dar inveja até às corujas.

Pergunta básica: serviu para alguma coisa jogar o sono fora? Você fez algo realmente útil a ponto de resolver a questão? A energia despendida ao virar de um lado para o outro na cama moveu uma única pedra que compunha a sua preocupação?

Sinceramente, não, né?

No auge dos problemas, a Scarlet O'Hara, a linda personagem de *E o vento levou*, dizia a si mesma sem a menor cerimônia: "nisso pensarei amanhã".

Pode ter certeza: essa é a maneira mais sábia de lidar com problemas que, à noite, só tendem a ficar maiores e mais insolúveis. Claro que se a questão for apenas dar um telefonema e a coisa se resolve, nem pense em virar na cama. Levante-se e telefone mesmo que seja um pouco tarde; se o outro for acordado, o problema fica sendo dele, não seu. Coloque na sua cabeça que os problemas que conseguimos resolver na cama são doces problemas, e, em geral, não nos fazem perder o sono. Até dão muito sono depois.

Livre-se da culpa por deixar para pensar nisso amanhã. O sol, a luz, são fontes de energia, de sabedoria, de iluminação, ao contrário das trevas, que só oprimem, cegam e fecham os canais da compreensão. Para conseguir tirar da cabeça o problema e pensar nele só amanhã, faça um exercício muito simples: coloque o foco nos dedos dos seus pés e dê um nome a cada um deles. Por exemplo: Laura, Tereza, Marquinhos etc. Na segunda vez que você tentar atribuir o nome certo ao dedo certo, você já terá dormido. É "tiro e queda".

Se você não quiser fazer o exercício hoje à noite, nada de culpa nem de preocupação: pense nisso amanhã.

Há coisa pior que fritar bacon pelado

Sabe aquele amigo rico, muito rico, que o acaso, as fadas e os gnomos, ou seja lá o que for, colocaram no seu caminho e que se tornou, de fato, o seu melhor amigo? Aquele de todas as horas, que você adora e que adora você?

A boa notícia: ele vai se casar. A má: você vai ser padrinho.

O impacto das duas notícias deixa você, num primeiro momento, desconsertado. Em seguida, envaidecido, lisonjeado, emocionado. Embora não precisasse, essa é a prova definitiva de que a amizade é sincera, apesar das diferenças econômicas. Por último, bate um certo desespero: já imaginou o valor do presente que um padrinho tem de dar?

Vontade de inventar uma desculpa, dizer que foi convocado para a guerra do Iraque, apresentar atestado médico, qualquer coisa, menos ter de comprar um presente caríssimo justamente no momento em que sua situação financeira anda tão próxima da pindaíba.

Mas, ao mesmo tempo, o afeto e o prazer de ter sido lembrado pelo amigo querido, como é que ficam?

Cá entre nós, o que dar para alguém que tem tudo e, pior, tem tudo do bom e do melhor? Nem com toda a imaginação do mundo você vai conseguir pensar num presente ao alcance do seu bolso e à altura do bom gosto, da elegância e da sofisticação dos noivos.

Pois é. Você acaba de ser apresentado a uma situação muito pior que fritar bacon pelado. Mas não arranque os cabelos, não caia da cama e nem chame os bombeiros.

Considere que estar entre os padrinhos desse casamento é um privilégio para poucos. Você foi escolhido por suas qualidades e por sua amizade, não pela conta bancária. Se a pessoa é sua amiga e a relação é sincera, ela sabe que não virá de você o mais caro presente, e certamente não espera isso.

Aliás, amigos mesmo não esperam nada da gente a não ser nossa amizade.

No entanto, essa é uma grande oportunidade que você tem de demonstrar seu afeto e a profundidade da relação. Não a perca.

Dedique um poema a esse amigo. Se você não se sente capaz de escrever um, mesmo que bem simples mas escrito com o coração, procure num livro. Fernando Pessoa, Cecília Meireles, Manuel Bandeira, Vinicius de Moraes e tantos outros escreveram belas palavras sobre a amizade. Sua sensibilidade vai saber reconhecer a poesia ideal. E seu amigo vai saber reconhecer em você um verdadeiro amigo, sem presente nenhum comprado naquelas lojas que fazem listas de casamento. Tudo o que vem do coração é muito mais valioso e não há dinheiro no mundo que pague. Faça o teste com seus amigos e você verá o poder da amizade.

Crianças devem aprender a fazer limonada dormindo

Antes de dormir, crianças adoram ouvir uma historinha, mas você vive contando sempre as mesmas. Esqueça as fadas, as bruxas e os gigantes e aproveite para contar uma história bem didática. Assim, o seu filho vai se acostumando a entender o processo de fazer limonada quando a situação oferece um limão.

Era uma vez, num reino muito distante, um camponês que foi condenado à morte porque roubara um pão no dia da grande festa do casamento da princesa.

O rei foi irredutível: a lei era clara, e um roubo, fosse de um pão, fosse da mais valiosa jóia, deveria ser pago com a vida.

Mas o camponês não se deu por vencido. Fez chegar ao rei seu desejo de uma audiência, pois tinha uma proposta de negociação que poderia ser de grande interesse para ambos.

O rei aceitou o encontro.

No dia e hora marcados, o camponês, altivo e muito falante, compareceu diante da autoridade real e foi direto ao assunto:

— Se Vossa Majestade me conceder a liberdade, perdoando a cruel pena a que fui condenado por furtar um pão que alimentaria meus filhos, prometo realizar qualquer sonho que porventura meu rei ainda não tenha realizado.

— E que sonho posso ter eu, o mais poderoso de todos os soberanos, oh, pobre camponês?

— Isso é com Vossa Majestade: sonhe o sonho impossível e eu lhe concederei.

Mais por curiosidade, o rei pensou por um minuto, coçou os longos cabelos brancos e finalmente falou:

— Não posso lhe dar a liberdade imediata, porque palavra de rei não volta atrás, mas se você conseguir fazer meu cavalo falar em, no máximo, um ano, você será um homem livre para sempre.

O camponês aceitou e saiu do palácio exultante, feliz como se já fosse um homem livre.

A caminho da prisão, na qual, por um ano, ensinaria o cavalo a falar, o camponês encontrou um amigo que quis saber como tinha sido seu encontro com o rei.

Nosso herói contou. O amigo ficou desesperado:

— Você ficou louco? Como foi aceitar um acordo desses? Que chance você tem de fazer esse cavalo falar, meu Deus?

O camponês tossiu, sorriu e explicou:

Olha, amigo, em um ano pode acontecer muita coisa. Veja só: penas podem ser comutadas, reis podem morrer como qualquer ser humano, o reino pode ser sacudido por um terremoto. E, por que não, cavalos podem falar.

O segredo de uma boa limonada é a fé. Enquanto você acreditar que os limões podem vingar, suas chances de sucesso serão enormes. Não desista nem desanime, continue no caminho da fé.

Há malas que vão para Belém

Há pessoas que morrem de medo de avião. Eu mesmo sou uma dessas pessoas, tolas provavelmente, pois, dizem, o avião é um dos meios de transporte mais seguros que existem. Pode ser, mas medo é medo e não me venham com explicações didáticas sobre a aerodinâmica do passarão. Uma coisa pesada dessas não pode ficar no ar e ponto final.

Mas, vá lá, viajar é uma das coisas boas da vida. É como a gente conhece lugares improváveis, pessoas com as quais jamais cruzaríamos e vivemos situações imprevistas, novas, fora da rotina.

Então, entre o prazer de viajar e o medo do avião, a maioria dos medrosos acaba optando pelo prazer e enfrenta o bicho alado com o coração na boca. Mas enfrenta.

E lá vai o vôo, uma turbulência aqui, outra ali, e a súbita certeza de estar a caminho do céu, literalmente.

Como na maioria das vezes o avião não cai, acabamos por chegar ao nosso destino, sãos e salvos.

Eu disse salvos? Bem, nós sobrevivemos ao maldito vôo, mas e a nossa mala? Ah, meu Deus, e a mala, cadê a mala?

Diante daquelas esteiras quilométricas, todas as malas passam, menos a sua.

Você se lembra das compras que fez, daquele blazer caríssimo que comprou e nunca usou, daqueles sapatos bicolores zero quilômetro, dos presentes que iriam surpreender as crianças. Enfim, você faz um balanço de tudo o que está prestes a perder e sente um nó no estômago. Sim, porque cada vez passam menos malas, cada vez menos pessoas esperam suas bagagens, a ala de desembarque do aeroporto está cada vez mais vazia, e a sua mala: nada. Você tenta se lembrar se colou as etiquetas de identificação, com nome, endereço, telefone. Mas a angústia da certeza de que houve extravio não o deixa seguro de que fez tudo certo. E então a ansiedade aumenta. Nessa hora, tente voltar a si. Respirar fundo é o primeiro passo. O segundo?

Esqueça a mala. Imagine que, de fato, ela não vai aparecer. A companhia perdeu sua mala com tudo o que tinha dentro. O seguro não cobre nem aqueles pares de meia que você comprou de bobeira. Desnecessárias, mas tão lindas.

Volte-se para a viagem que você acabou de fazer. Provavelmente, alguns dos dias mais felizes da sua vida. Pense no que você viu, no que aprendeu, no que viveu. Não há companhia de aviação no mundo que possa tirar isso de você. Isso sim, é seu. E o que é, afinal, uma mala com seus pertences e roupas que passarão de moda, diante de um sonho realizado, de momentos que ficarão eternamente guardados na sua memória e que poderão ser revividos a vida inteira?

ulterius progredi non sit
clarissimorum Siderum notis

O destino bate à sua porta (e sempre bate duas vezes)

Um amigo irado... sabe gente irada, aquelas pessoas que se irritam num crescendo que vai se tornando um furacão de ódio e fúria? Ele é assim.

Qualquer coisinha que saia um milímetro dos trilhos, e ele vira o Hulk. Mesmo que os trilhos tenham sido traçados por ele mesmo e não obedeçam a nenhuma medida de lógica ou de bom senso. Mas, como é uma pessoa divertida, generosa e leal com os amigos, acabamos todos por suportar suas explosões enraivecidas.

Bem, o cara era um leitor fanático da *Folha de São Paulo*. Assinava o jornal havia anos e vivia provocando os assinantes ou leitores do *Estado de São Paulo*. E, claro, na turma havia leitores de ambos os jornais. Um ponto de vista da *Folha*, qualquer um, virava sua ideologia; um editorial mais inflamado, sua bandeira.

Se víamos um filme de que não gostasse, dizia no ato: "o crítico do *Estadão* deve ter adorado!".

Um chato, enfim, mas adorável. E essa história de transformar *Folha* e *Estado* numa espécie de Corinthians e Palmeiras acabava como folclore e nós, os amigos, nos divertíamos e pronto.

Mas o destino, ah, o destino, costuma fazer umas brincadeirinhas, e fez uma boa com ele.

Numa manhã de abril, surpreendentemente bem humorado para alguém desempregado havia mais de quatro meses, antes das 7 horas da manhã abriu a porta para recolher sua querida *Folha* e já estava, como a desafiá-lo, como a escarnecer dele, *O Estado de São Paulo*. Sim, o *Estadão* estava à sua porta.

Foi como se uma ofensa imperdoável o atingisse no coração. Teve um ataque de fúria histórico. Dotado de uma força e de uma agilidade ratazânica, transformou o jornal, aquele volume todo, em pedacinhos pouco maiores que confetes. Usou dedos e dentes com tal raiva que em poucos minutos o chão da sala e da varanda estava coberto de jornaizinhos milimétricos. Nessas horas, a mulher nem ousava estar por perto. Esperava passar a onda tsunâmica e a vida voltava ao seu curso.

Como de fato voltou.

Só que o destino, ah, o destino, brincou de novo no dia seguinte. E o *Estadão*, como se mostrasse os dentes, estava outra vez à sua porta.

O acesso incontrolável foi maior que o do dia anterior. Até os pés entraram na dança da destruição do jornal.

E no rasga-pica-morde-rói-pragueja que se seguiu, um anúncio meio amassado chamou sua atenção. Foi tomado por uma súbita calma. Leu com atenção, encaminhou o currículo e fez carreira nessa multinacional que procurava um executivo. Está lá há doze anos.

Hoje assina *Folha* e *Estado*, e defende o *Estadão* como se fosse um filho.

Sabe que ele nunca mais ficou irado?

A flexibilidade possibilita que os limões sempre se transformem em limonadas. Mais doces, menos doces, mas sempre limonadas. Colocar algo na cabeça e não acreditar em mais nada além daquilo nos torna limitados e ranzinzas. Expanda seus horizontes, você tem muito a ganhar.

Algumas piadas são explícitas: ensinam a fazer limonada

Dê uma olhada neste exemplo, só para você se sentir capaz de enxergar uma limonada prontinha quando estiver diante de um limão azedíssimo:

O marido leva a mulher a um restaurante "da hora" em comemoração aos vinte anos de casamento. Ela está animadíssima com a gentileza do convite, pois a vidinha a dois tem estado muito fria nos últimos tempos. Ela considerou essa saída formal como um sinal de que ele está se propondo a fazer algum esforço para que os próximos aniversários de casamento tenham mais razões para ser comemorados.

Então ela se preparou, foi ao cabeleireiro, colocou seu vestido mais bonito, escolheu as jóias mais vistosas.

E lá se foram os dois, como um verdadeiro casal feliz que, pelo menos ela, gostaria que fosse.

Entraram no restaurante de braços dados e passaram por uma mesa em que um homem de meia-idade e duas mulheres belíssimas, uma loira e outra morena, cumprimentaram o marido efusivamente. Principalmente a loira, que sorriu com todos aqueles dentes perfeitos e até pareceu ter lançado uma sensual piscadela.

Conduzidos até a mesa que ele reservara, sentaram-se, e a mulher logo quis saber quem eram aquelas pessoas tão sorridentes e que o trataram com tanta intimidade.

— Bem, o senhor de cabelos grisalhos é o presidente do Banco, meu chefe. A moça morena é a amante dele, estão juntos já há uns três anos. E a loira bonita é a minha amante.

A mulher ficou muda por um instante. Em seguida, lançou sobre ele um olhar faiscante e começou seu discurso de impropérios.

— Nosso casamento está acabado. Vocês homens são uns sem-vergonha, uns desclassificados. Onde já se viu me levar a um ambiente em que estão a amante do seu chefe e a sua própria amante?

E se levantou aos gritos:

— Eu quero o divórcio imediatamente!

Ele pediu calma e resumiu a situação:

— O.k. Eu concordo com o divórcio. Mas pode esquecer o apartamento de 600 metros quadrados, o motorista, a casa de praia, a cozinheira, as jóias, os cartões de crédito, as viagens ao exterior...

E ia continuar a lista de perdas quando ela o interrompeu:

— Ai bem, a nossa amante é bem mais bonita que a amante do chefe, né?

R.S.V.P.
R.S.V.P.
R.S.V.P.
R.S.V.P.
R.S.V.P.
R.S.V.P.
R.S.V.P.
R.S.V.P.
R.S.V.P.
R.S.V.P.
R.S.V.P.
R.S.V.P.
R.S.V.P.

Pode entrar que a casa é sua

Sabe aquela festa a que todos gostariam de ir, que é a manchete de todas as colunas sociais, e à qual, num delírio de grandeza, até você sonhou ir?

Convites super regulados, daqueles com tarja magnética, tudo numerado, segurança saindo pelo ladrão, vips de baciada?

Mistério: você e sua mulher, ou você e seu marido, foram convidados. Os dois. Não são celebridades, não têm nada a ver com eventuais patrocinadores, não fazem parte dos fornecedores e, no entanto, seus nomes estão lá, bem claros, no convite: Sr. e Sra.; Dia Tal; RSVP.

A primeira reação é de espanto; em seguida, sente-se uma massagenzinha no ego, uma certa vaidade, uma lustrada na auto-estima. Você vai cruzar com pessoas que, de tão famosas, nem parecem existir. Vai passar algumas horas num ambiente hollywoodiano. Vai ter histórias para contar pelo resto da vida.

Pena que, imediatamente, você cai na real. E não sabe se ri ou se chora.

Com quem se aconselhar sobre o que vestir, a que horas chegar, como se comportar ou como se dirigir aos anfitriões se você nunca os viu na vida?

Que diabos, afinal, o seu nome e o dela, ou dele, foram fazer nessa lista? Como descobriram o seu endereço? Será que eles sabem que você mora num apartamentozinho de classe média, pago mensalmente depois que você dá um duro danado? Chega de táxi ou vai entregar seu Santana 98 nas mãos do manobrista?

Que ódio por ter sido convidado. De repente, o conto de fadas vira um tormento. Com que roupa, meu Deus, com que roupa?

Quer saber? Responda ao RSVP e vá.

Não perca o sono matutando como o seu nome foi parar na lista. Desfrute a antecedência da festa sentindo-se merecedor da honraria. Nem pense em "encanar" com a situação de estar num ambiente em que todos se conhecem e são conhecidos e você não conhece ninguém. Relaxe.

No dia, não invente. Nem considere a hipótese de alugar uma roupa. Vista-se com naturalidade, levante a cabeça e agarre-se ao privilégio de fazer parte de um universo interessante a que você jamais imaginou ter acesso. Saboreie todas as possibilidades dessa noitada de sonho.

E, uma vez dentro, não se acanhe. Você é tão convidado quanto todas aquelas celebridades que se servem de champanhe bem ao seu lado. Não se comporte como um deslumbrado, mas puxe assunto, inclua-se, dê sua opinião se tiver oportunidade. Circule por todos os ambientes. Não beba demais — pode ser um perigo — mas também não se intimide: fique à vontade, você está entre amigos, novos, poderosos, chiques, mas amigos.

E não se esqueça de agradecer no dia seguinte. Pega bem e pode render mais um convite para a próxima festa.

O que você pretendia fazer à noite? Dormir, por acaso?

O dia foi de matar. Conflitos com a diretoria, um plano que consumiu suas últimas semanas e não foi aprovado, aquela colega de trabalho que parecia tão legal e tentou puxar seu tapete, estressezinho, assim, básico. E, na hora de ir embora, quase 8 horas da noite, o temporal que arrasou a cidade fez você ficar no trânsito mais de uma hora. Só faltava encontrar o jantar queimado. Não se preocupe: pior que encontrar a comida calcinada é encontrar sua filha adolescente em preparativos com as amigas para a festa de aniversário de uma delas naquela casa noturna do outro lado do mundo. Sim, hoje à noite, mas não já, já. Mais tarde, assim, mais ou menos àquela hora em que você imaginava estar sonhando há muito tempo, dormindo o sono dos inocentes.

Filhos adolescentes costumam armar essas ciladas com razoável freqüência. E você vai cair em todas elas porque a alternativa seria deixá-los à própria sorte nessa cidade violenta, em que os perigos, que a sua imaginação torna maiores ainda, espreitam a cada esquina, sobretudo à noite.

Então você vai, sim, levar sua filhinha aos confins do planeta para que ela se divirta a valer enquanto transforma sua vida num horror.

Mas, desculpe-me por lembrar, levá-la às 11 horas da noite cidade afora não é nada, absolutamente nada, se comparado ao fato de que ela vai ter de voltar. E não pode voltar sozinha, e a festa não acaba antes de umas 2h30, 3 horas da manhã. E a sua reunião, aquela com os diretores com quem você entrou em conflito hoje, começa pontualmente às 8 horas. Às 8 horas, eu disse. Os fatos são esses: ou você leva e busca a queridinha ou esquece qualquer possibilidade de relação afetiva com ela. E como você sabe que não dá para evitar o inevitável, dane-se o cansaço, dane-se o sono, dane-se a reunião de amanhã e assuma o papel de motorista, que é a parte que cabe a você desse latifúndio.

É aí que você pode dar um novo papel a esse figurante que você é na vida da sua filha.

Já percebeu quantas academias rodam a noite inteira num ritmo desenfreado?

Tome uma decisão radical. Inscreva-se numa academia imediatamente, aliás hoje mesmo durante o programa da mocinha. Você já devia estar fazendo exercícios há muito tempo e essa é uma oportunidade única de não infernizar suas noites.

Então ficamos assim: você deixa a menina na balada e corre para a academia. Enquanto ela dança, você malha. Daqui a algumas semanas, você estará incentivando sua filha a sair mais, a se divertir mais, freqüentar mais a noite. E o seu corpo estará prontinho para curtir a balada também.

Se não dá para vencer o inimigo, junte-se a ele. Só não dá para ficar em conflitos eternos que prejudicam você e os que estão ao seu redor. Tome atitudes que beneficiarão a vida de todos, independentemente da loucura que elas signifiquem.

A casa caiu para você

No dia em que você decide reformar a casa, é como se assinasse um pacto com o demônio. Ele cuida de tudo e não lhe resta outra alternativa senão entregar a Deus, que, diga-se, não está nem minimamente interessado no contrato que você firmou com o cão.

Chegam os pedreiros como americanos invadindo o Iraque. Pouco importa se você combinou às 9 horas. Desde as 7 horas eles martelam, serram, marretam e falam tanto e tão alto que é como se comemorassem a vitória do time ou a passagem do ano.

Começar uma reforma é como fogo morro acima ou água morro abaixo: nada consegue deter.

Mas, depois de tanto adiar, talvez por intuir que estaria se mudando para o inferno, você resolveu pôr mãos à obra e iniciou a reforma. Que começou hoje, com a invasão do Iraque, lembra?

Sabe aquela promessa do empreiteiro de que tudo ficaria pronto em dois meses, dois meses e meio, no máximo? Pode esquecer. Aliás, nem leve em conta a promessa: multiplique por dois, se você é um otimista de carteirinha, ou por três, se você se considera uma pessoa razoavelmente realista. E prepare-se: chegar em casa à noite é como chegar ao sul do Líbano, felizmente sem corpos sob os escombros. Ah, sim, sua querida casinha, tão esmeradamente arrumadinha, transformou-se — não há outra palavra para definir — em escombros.

E o custo? Não importa quão detalhado tenha sido o orçamento, ele também será muitas vezes multiplicado ao longo dos meses em que você e sua família viverão num acampamento de refugiados.

E, a cada manhã, aumentará a sensação de que no fim do túnel só há, e sempre haverá, trevas. Nem uma luzinha, nem mesmo uma faiscazinha.

Passam-se os dias, as semanas, e você ainda não consegue enxergar sequer possibilidades de sair de baixo de todo esse entulho, com a casa dos seus sonhos.

Acredite, vai sair.

A má notícia: durante o processo da reforma não é possível fazer limonada com esse limão de ruínas. Mas já se pode ir preparando a jarra porque, quando a casa ficar pronta, meu amigo, você e sua família terão montanhas maiores de histórias para contar que todas essas montanhas de restos de bombardeios pelos quais vocês estão passando.

Portanto, preste atenção aos casos contados pelos pedreiros, marceneiros e obreiros em geral. Ouça tudo com atenção. Primeiro, porque você vai aprender muitas lições de vida com eles. Segundo, porque algumas dessas histórias são tão hilárias que você vai adorar repetir para os amigos.

E o prazer de excursionar com seus convidados pela casa nova, mostrando cada cantinho e contando e recontando as aventuras para chegar ao fim das obras, não tem preço. Nem prazo.

Calma, uma boa limonada é apenas o primeiro passo

Você viu aqui alguns exemplos de situações bem azedas que, espreme daqui, espreme dali, acabaram se transformando em doces limonadas.

Sabe aquele ditado de que ri melhor quem ri por último? É mais ou menos isso no dia-a-dia. Por mais crítico que seja o momento por que passamos, ele é apenas isso: um momento. E momentos passam.

A atriz Dercy Gonçalves, do alto de sua sabedoria de quase 100 anos de idade, disse que, por mais fundo que seja o buraco no qual a gente esteja metido, a boa notícia é que ainda não há terra por cima.

Só da morte não se faz limonada. De todo o resto, basta ter esperança, senso de humor e vontade de viver que as saídas aparecem.

O exercício para enxergar as soluções é simples, mas precisa ser praticado todos os dias: bom senso, calma, desejo real de apagar o incêndio, capacidade de rir de si mesmo, crença nas suas competências, respeito pelos outros e a certeza de que, no fim, tudo dá certo. Se ainda não deu certo é porque não chegou ao fim. Esses são alguns pontos a serem exercitados com sabedoria e coragem.

O resto, acredite, vem por conta própria, seja por sorte, por merecimento, por esforço ou pelos três juntos.

E espremendo os limões que a vida nos manda, fazendo uma limonada hoje, outra amanhã, vamos nos tornando especialistas. Não só em fazer limonadas, mas em viver melhor, com mais qualidade e mais prazer.

E já que nos tornamos especialistas em limonada, não vamos nos acomodar.

Porque uma coisa é certa: o universo vai continuar a nos mandar limões, alguns especialmente ácidos.

Mas agora já podemos nos dar ao luxo de um "up grade" nas nossas ambições e começar a querer mais, arriscar mais, ousar mais. E ir bem mais longe.

Então, o que vamos aprender a fazer com os limões que ainda estão por vir?

Caipirinha, é claro. Daquelas bem aromáticas, sumarentas, deliciosas.

E vamos brindar todos os dias a essa aventura maravilhosa que é viver.

Contatos com os autores:

joicemalavolta@limonada.com.br

zezebrandao@limonada.com.br

Editora
Rosely M. Boschini

Assistente editorial
Rosângela Barbosa

Produção
Marcelo S. Almeida

Capa, projeto gráfico e diagramação
Túlio Fagim

Revisão
Alessandra J. Gelman Ruiz

Rua Pedro Soares de Almeida, 114
São Paulo, SP CEP 05029-030
Tel: (11) 3670-2500
Site: http://www.editoragente.com.br
E-mail: gente@editoragente.com.br

Dados Internacionais de Catalogação na Publicação (CIP)
(Câmara Brasileira do Livro, SP, Brasil)

Malavolta, Joice
A vida não é uma limão, a vida é uma limonada / Joice Malavolta, Zezé Brandão ; prefácio de Roberto Shinyashiki ; (ilustrações Túlio Fagim). — São Paulo : Editora Gente, 2006.

ISBN 85-7312-521-7

1. Auto-ajuda 2. Atitude (Psicologia) 3. Conduta de vida 4. Motivação (Psicologia) 5. Realização pessoal I. Brandão, Zezé II. Shinyashiki, Roberto III. Fagim, Túlio IV. Título

06-7558 **CDD-153.8**

Índice para catálogo sistemático:

1. Motivação e desenvolvimento pessoal : Psicologia 153.8

ESTE LIVRO FOI IMPRESSO PELA PROL GRÁFICA EM PAPEL *OFFSET* 90G